Ein Elfenhellfer Selbsthilfebuch

Sich selbst wertschätzen

Die meisten Elfenhellfer Selbsthilfebücher wurden auf
chlorfrei gebleichtem
HANF-PAPIER
aus Hanfschäben gedruckt – eine österr. Weltneuheit.
Eine Tonne Hanfpapier erspart das Fällen von zwölf
ausgewachsenen Bäumen: und ein einziger Hektar
Hanf bringt auf Dauer die mindestens 4-fache Menge
Papier wie ein gleich großer Wald.

Sich selbst wertschätzen

Elfenhellfer Nr. 31
Titel der Originalausgabe: Self-esteem Therapy

Übersetzt von Sylvester Lohninger
Gedruckt in Österreich und Deutschland

3. Auflage 2012
ISBN 978-3-85466-030-9

Ein Elfenhellfer Selbsthilfebuch

Sich selbst wertschätzen

Verfasst von
Karen Katafiasz
Illustriert von
R.W. Alley

Edition LebensTraum
im Sequoyah Verlag

Vorwort

Manche Menschen verbringen ihr ganzes Leben damit, sich zu weigern, einer Leere in sich gegenüberzutreten, einer Art „Loch“, das ein schmerzhaftes Gefühl von Verkehrtheit und Scham über einen selbst vermittelt.

Sie versuchen vielleicht, den Schmerz mit materiellem Erfolg und besonderen Leistungen zu verdecken oder ihn mit ungesundem Verhalten zu betäuben oder sich anderen zuzuwenden mit der Erwartung, dass sie dieses „Loch in der Seele“ füllen mögen.

Was ihnen fehlt ist Selbstwertschätzung. Selbstwertschätzung ist mehr als sich selbstsicher zu fühlen oder positive Affirmationen rauszusprudeln.

Sie geht ans Herz der persönlichen Identität und trägt in sich den Glauben, dass wir angenommen, respektiert und geliebt sind als die Personen, die wir sind – mit allen unseren Gefühlen und

Empfindungen und ebenso unseren Unvollkommenheiten.

Die Quelle des Selbstwertgefühls liegt tief in der Kindheit, vom ersten Moment an, da ein verletzliches Kleinkind danach sucht, seine Bedürfnisse von einem sorgenden Erwachsenen erfüllt zu bekommen. Diese Bedürfnisse gehen über physische Ernährung und Sicherheit hinaus. Um zu gedeihen, muss ein Kind anerkannt, angenommen und bedingungslos geliebt werden. Das ist eine Weichenstellung, der selbst Eltern mit den allerbesten Absichten nicht immer voll entsprechen können.

Die gute Nachricht ist, dass Du nun als Erwachsener die Macht hast, eine innere Empfindung von „Nicht-richtig-sein" zu verändern und eine innerliche Leere dieser Art wieder zu füllen. Mit bestärkender Einsicht lädt Dich diese „Sich-selbst-wertschätzen"-Fibel ein, tief in Dein Inneres zu gehen, um Dein verwundetes Selbstwertgefühl zu heilen.

Verabrede Dich heute zu einer kleinen Selbstwertschätzungs-Therapie.

1.

Erkenne die Wirklichkeit Deines Wertes als ein wundersames, einzigartiges, geliebtes und liebenswertes Kind Gottes. Du gibst der Schöpfung etwas Besonderes, das nicht dupliziert werden kann. Das ist die Basis der Selbstwertschätzung. Nichts und niemand kann Dir diese Realität stehlen.

2.

Selbstwertgefühl ist mehr als ein Anschein von Selbstbewusstsein, mehr als eine Überlegenheits-Einstellung und mehr als positive Botschaften, die Dein inneres Tonband abspielt, noch ist es ein unbekümmertes Durch-die-Welt-Stolzieren. Es bedeutet ein Sein in entspannter Leichtigkeit und im Frieden mit sich selbst.
Es ist das Wissen tief in Dir, dass Du zählst und genau so, wie Du bist, akzeptabel bist.

3.

Selbstwertgefühl ist eine Festigkeit und spürbare Fülle im Kern Deines Wesens. Ohne ausreichende Selbstwertschätzung leidest Du unter einer Leere, einem „Loch in der Seele“, das sich schmerzlich danach sehnt, gefüllt zu werden. Erkenne diesen „hohlen“ Zustand; nur Du kannst diese „Hohlheit“ voll machen.

4.

Scham zerstört und ersetzt Selbstwertgefühl. Sie baut nach und nach Deinen Geist ab und verbreitet in Deinem Innern eine Leere. Dies schafft eine Schwerfälligkeit und Schwere am Grunde Deines Seins, obwohl es Dich dazu bringt, Dich hohl zu fühlen. Sei wachsam gegenüber Scham, die versteckt in Dir lauert.

5.

„Gesunde“ Scham sagt Dir, dass Du etwas getan hast, das schrecklich falsch war. „Giftige“ Scham erzählt Dir, dass Du schrecklich falsch bist. Du musst mit diesen beiden Arten von Scham entsprechend umgehen.

6.

Du erzeugst und stärkst Selbstwertgefühl, wenn Du mit Integrität und in Harmonie mit Deinen Werten lebst. Bewusst und bedacht wähle Prinzipien von Bedeutung, um Dein Leben in ihnen zu erden. Verpflichte Dich ihnen mit Deinem ganzen Herzen.

WERTE
WORKSHOP
JOURNAL

7.

Wenn Deine Handlungen gegen Deine Werte verstoßen, dann fühlst Du „gesunde“ Scham. Um mit diesem Gefühl klarzukommen, gib zu, was Du getan hast, akzeptiere Verantwortung für die Konsequenzen und bemühe Dich um Wiedergutmachung gegenüber jedem, dem Du Schaden zugefügt hast. Dann vergib Dir selbst.

BERICHTIGTES
ELFENSTEUER
FORMULAR
AN:
ELFEN-STEUERAMT

8.

Manchmal, wenn Du merkst, wie Du etwas tust, was Du eigentlich nicht magst, wirst Du unter der Oberfläche forschen müssen, um zu entdecken, was Deine Handlungen antreibt. Kommt Dein Handeln von Bedürfnissen, denen nicht entsprochen wurde, dann nimm Dich ihrer an. Schau Dich auch nach spiritueller oder psychologischer Begleitung um, wenn das angebracht ist.

UNION
ELF
GESCHLOSSEN
E.L.F.
BANKROTT
ACHTUNG!
KEIN GELD MEHR
GESCHÄFT WEGEN KONKURS BEENDET
RIESEN-RECHNUNG

9.

Du kannst „gesunde" Scham dazu verwenden, zu lernen und zu wachsen und mehr die Person zu werden, die Du sein möchtest. Nachdem Du Verantwortung für das, was Du getan hast, übernimmst und Dich um Wiedergutmachung oder Richtigstellung bemühst, entscheide, was Du tun musst, um sicher zu gehen, dass Deine künftigen Handlungen in Harmonie mit Deinen Prinzipien sein werden.

STEUER-
BERATER
EINKOMMEN
PAY
NOTIZ
KREDITVERTRAG
WASSER
RECHNUNG
FÄLLIG

10.

Dinge gut zu machen baut Selbstwertgefühl genauso auf wie gute Dinge zu machen. Erkenne, worin Du glänzt, und teile dieses Leuchten mit dem Universum.

GLÜCKLICHES NEUES JAHR!

11.

Lasse jene Augenblicke an Dir vorüberziehen, in welchen Du ein gutes Gefühl von Dir hattest. Erfahre neuerlich das Empfinden von Stärke, Selbstannahme und heiterer Gelassenheit, welche Dein Sein erfüllten.
Wenn Dein Selbstwertgefühl auf wackeligen Beinen steht, kannst Du die Quelle dieser emotionalen Erinnerungen für Dich erschließen und diese Gefühle noch einmal durch Dich hindurchströmen lassen.

GLÜCKLICHES NEUES JAHR!
JAN. 1
TAGEBUCH

12.

Nimm weiterhin Herausforderungen an, die Gelegenheiten zum Wachsen bieten, auch wenn es bedeutet, dass Du versagen könntest. Auf dem Weg, all das zu werden, wozu Du bestimmt bist, betrachte Deine Fehler als Möglichkeiten zu lernen – nicht als Anlässe für Scham.

KLAVIER
KONZERT
HEUTE:
ELFZART
DIE KLEINE
ELFMUSIK
IN
11
SÄTZEN

13.

Stelle Dir Selbstwertgefühl als einen Energiestrahl vor, der von Deinen Füßen bis zu Deinem Scheitel hochvibriert. Er verankert Dich in einer soliden Wertschätzung dessen, was Du gearde jetzt bist und gleichzeitig zieht er Dich empor, höher zu streben - hinauf zu den Sternen.

HEUTE:
KLAVIER
STUNDEN

14.

Die Leere und dieses „falsche" Gefühl, die mit einem niedrigen Selbstwertgefühl einhergehen, können unerträglich schmerzvoll sein. Arbeite daran, auf gesunde Weise Selbstwertgefühl herauszubilden und baue Scham an ihrem Ursprung ab. Tust Du es nicht, dann kann es sein, dass Du schädliche, sinnlose, selbstzerstörerische Wege einschlägst, um Dich besser zu fühlen.

ELFEN-SCHULE
ELF A.G.
SPEISE
RAUM

15.

Versuche nicht, Deine innere Leere zu füllen, indem Du Deinen Schmerz mit stimmungsbeeinflussenden Substanzen oder Verhalten betäubst. Obwohl Du Dich zuerst scheinbar besser fühlst, sind das unechte, kurzlebige „Lösungen", und diese werden schließlich das Maß an Selbstwertgefühl, das Du hast, noch tiefer hinunterkurven lassen.

Happy 11
Café
Schau
doch rein
zum TEE
nach der
Arbeit!

16.

Materieller Erfolg und Leistungen mögen Dich für eine Weile ablenken, aber sie werden Dir kein wirkliches Selbstwertgefühl bringen noch Deinen Schmerz beseitigen. Es ist nötig, dass Du der Leere in Deinem Innern gegenübertrittst.

DIENSTAG
22

17.

Dich abhängig zu machen von Zustimmung und Lob anderer, um Dich mit Dir besser zu fühlen, ist wie eine Sucht. Es wird eine Zeit lang seine Wirkung haben, doch wirst Du Ihrer Akzeptanz immer wieder hinterherjagen müssen. Du verlierst Dich selbst in diesem Prozess. Der Beifall, den Du brauchst, ist Dein eigener.

ELF
A.G.
MITTW.
23
CHEF

18.

Kann sein, dass Du versuchst, Dich mit Dir besser zu fühlen, indem Du andere kritisierst und attackierst und mit ihnen konkurrierst. Höre auf damit! Du wirst Dich damit nur erschöpfen und Dich mit Bitterkeit erfüllen.

ELF A.G. MITARBEITER INFOS
ANGESTELLTE(R) DES MONATS

19.

Du versuchst vielleicht, Deine Gefühle von Beschämtsein loszuwerden, indem Du sie auf andere projizierst.
Aber dieses Beschämtsein wird sich nur immer wieder aufs Neue in Deinem Innern auffüllen. Werde Dir bewusst, wenn Du andere beschämst in einem Versuch, Deine eigene Scham loszuwerden.

OKT.
24
PROJEKT
FÄLLIG AM
OKT.
23

20.

Nimm es wahr, wenn „giftige“ Scham die Botschaft sendet, nicht dass Du einen Fehler gemacht hast, sondern dass Du der Fehler bist. Giftige Scham ist so tödlich für Deinen Geist wie es chemisches Gift für Deinen Körper ist. Versprich Dir, Dich davon zu befreien.

21.

Giftiges Beschämtsein kann wie ein archäologisches Gelände sein, mit Schichten beschämender Botschaften, die sich über die Jahre hinweg angesammelt haben. Um das, was „Du“ bist, aus tiefstem Grund auszugraben und ans Licht zu bringen, braucht es Geduld, harte Arbeit und sorgsame Untersuchung des Inhalts einer jeden Schicht.
Es ist es wert.

SCHUL-
FUSSBALL
PROBESPIEL

22.

Um Selbstwertgefühl zu entwickeln, brauchtest Du - während Deines Aufwachsens - ein liebevolles, sorgsames, wohlwollendes Genährtwerden, das Deinen Wert bestätigte und Dir dabei Deine von Gott gegebene Würde und Deinen Wert widerspiegelte. Erinnere Dich des Hegens und Nährens, das Du empfangen hast und halte jene bewusst in Deinem Herzen, die auf diese Weise für Dich gesorgt haben.

23.

Wenn Du mit einem beschädigten
Selbstwertgefühl erwachsen wurdest,
so kam das, weil Du Botschaften über
Dich empfangen hast, die verzerrt,
entstellend und beschämend waren,
oder weil Du nicht genügend positive
Botschaften empfangen hast, die
Deinen Wert bestätigt haben.
Jetzt hast Du die Macht und die
Verantwortung, Dein verwundetes
Selbstwertgefühl zu heilen.

ELFENHELLFER
SUPPORT:
1-800-ELFEN-HILFE
24 STUNDEN

24.

Wenn Du unter einem schmerzhaften Gefühl leidest, „nicht richtig zu sein“, wenn Du erkennst, dass Du Dich schämst, Du selbst zu sein, dann nimm Dir Zeit zu erforschen, was vor sich geht. Was hörst Du im tiefsten Teil Deiner selbst? Du kannst diese Botschaft verändern.

25.

Wenn bedeutsame Personen Dich in Deiner Kindheit vernachlässigt, abgelehnt oder Dich beschimpft und beleidigt haben, oder wenn sie Beschämung benutzt haben, um Dich zu disziplinieren, dann hast Du wahrscheinlich angenommen, dass Du schlecht, unwert und unzulänglich bist. Betrauere und bedauere, was Dir angetan wurde. Dann bestimme, ob diese Glaubenshaltungen in Deinem Innern immer noch Widerhall finden; setze ihnen die Wahrheit entgegen.

FRAU KNÖDEL'S KLASSE
DUMM

26.

Vorurteile und Ignoranz können kulturelle Botschaften erzeugen, die Dich beschämen und Dein Selbstwertgefühl angreifen, indem sie suggerieren, dass Dein Aussehen falsch ist oder dass Du die falschen Vorfahren oder Religion hast oder dass Du sonst in irgendeiner Weise nicht entsprichst. Wenn Du diese Botschaften verinnerlicht hast, dann jäte sie aus.

Café
ZUR HOHEN
NASE
ES IST ZU

27.

In unserer Gesellschaft betreffen viele beschämende Botschaften den Körper und körperliche Funktionen. Untersuche die Scham, die Du Deinen Körper umgeben fühlst. Ersetze diese Scham durch eine Wertschätzung für dieses erstaunliche Meisterwerk, das Gott geschaffen hat.

ELFENTAL
FITNESS
ZENTRUM
GEWICHTE →
← DUSCHEN

28.

Wenn andere versuchen, Dich zu beschämen, dann kann es leicht sein, dass sie aus einem Muster heraus handeln, das sie einsetzen in einem verzweifelten - und vergeblichen - Versuch, sich mit sich selbst besser zu fühlen. Und es kann sein, dass Du aus Deinem eigenen Muster heraus reagierst und die Beschämung, die sie Dir bieten, annimmst. Sie werden ihr Muster nicht ändern; Du kannst Deines ändern.

GEWICHTE
RAUM

29.

Bleib nicht darin stecken, anderen, die Dich beschämt haben und Deine Selbstachtung schädigten, Schuld zuzuweisen; das macht Dich wieder zu ihrem Opfer. Weise stattdessen zurück, was sie getan haben, und erkenne, dass ihre Botschaften an Dich ihre eigene Beschämung und ihr eigenes schwaches Selbstwertgefühl widerspiegeln, und nicht die Wirklichkeit dessen, wer Du bist.

OST ~ SCHULE
KLASSENTREFFEN
WILLKOMMEN SCHÜLER & LEHRER
FRAU KNÖDEL

30.

Wenn es ständig geschah, dass Du als Kind beschämt wurdest, dann kann es leicht sein, dass Du das Gefühl hast, dass genau das wieder geschieht, wenn Du kritisiert wirst. Unterscheide konstruktive Kritik von Botschaften der Beschämung.

FA. RIESIG
PROJEKTIERTE
VERKAUFS-
ENTWICKLUNG

31.

Wenn Du beschämt wirst, dann ist Zorn eine gesunde Reaktion, denn sie drückt aus, dass Du nicht akzeptierst, was mit Dir gemacht wird. Drücke Deinen Ärger auf sichere, konstruktive und respektvolle Weise aus.

FA. RIESIG
NOCH EIN
VERKAUFS-
PLAN

32.

Halte Leute verantwortlich für ihre
Handlungen, ohne sie zu beschämen.
Lass sie wissen, wenn ihr Verhalten
Dich verletzt und warum.
Schlage ein Verhalten vor, das Dir
gegenüber respektvoller ist und
Deine Rechte anerkennt.

F.A.
ESIG

33.

Auch wenn andere Menschen Deine Selbstachtung nicht in ihre Hand nehmen können, so können sie Dich doch unterstützen und Dir die Art von positiven Botschaften anbieten, die für Dich wichtig zu hören und zu glauben sind. Halte Ausschau nach Freunden, die Dein Gutsein anerkennen und die Deinen Wert liebevoll bestätigen.

BOOK MENU

34.

Gib Beschämtsein als Lebensweise auf. Ohne Scham hast Du die Freiheit, einfach Du selbst zu sein – die einzigartige, bezaubernde Person, die Gott ins Dasein imaginiert hat.

35.

Lebe aus Deiner Mitte. Dort ist es, wo Gott flüstert: „Ich bin immer mit Dir; Du bist in mir, ich bin in Dir."

Die Geschichte der Elfenhellfer-"Elfen"

Die einnehmenden „Zwelfen"-Gestalten, welche die „Elfenhellfer"-Publikationen des *Sequoyah-Verlages* bevölkern, erschienen erstmals 1987 auf den Seiten eines kleinen Selbsthilfe-Buches von *One Caring Place*, St.Meinrad, Indiana, das sich „Sei-gut-zu-Dir-Therapie" nannte.

Vom Mitarbeiterstab „geschaut" und entworfen und aus einem auf Deutsch nicht gänzlich wiederholbaren Wortspiel zwischen Elf-Help (Elfen-Hilfe) und Self-Help (Selbst-Hilfe) aufgetaucht, haben die „Zwelfen" in den einfallsreichen Illustrationen von R.W.Alley ihre endgültige Gestalt erlangt und lebten erstmals die sanften Ratschläge der Autorin Cherry Heartman (und weiterer Verfasser) mit Charme, Treffsicherheit und Humor vor.

So haben die „Elfenhellfer" begonnen, uns mit erhellenden EinSichten und AusSichten zu „hellfen", das Leben lichter und unmittelbarer zu sehen. Unter der Devise „Heller statt schneller" geben sie uns „LebensMittel" an die Hand und ans Herz, die sich als wahrhaft nahrhaft für das Gedeihen unseres eigentlichen Wesens und als recht wesentlich für unser DaSein erweisen.

Sie bereichern uns mit „Gehfühlen" und „Gehdanken", die unseren seelischen Himmel aufklären können und die mit der warmen Weisheit und dem leuchtenden GeWahrsein unserer Herzen in wohltuende Resonanz treten.

Der Widerhall bei den Lesern war so enthusiastisch, dass bald schon mehr Elfenhellfer-Selbsthilfebücher auf dem Weg waren; eine immer noch wachsende Reihe, die auch eine Anzahl verwandter „Gehschenk-, Gehspür- und Gehdenk"-Artikel inspirierte.

Dem überaus liebenswerten Charakter der ersten Bücher, der mit Vergnügen seine „Zwelfen"-Mütze trägt, die von einer lebhaften, alle Stimmungsänderungen mitmachenden Kerze gekrönt ist, hat sich inzwischen ein beherztes weibliches Elfenwesen mit Blumen im Haar angeschlossen.

Diese zwei überschwenglichen, feinfühligen, findigen, warmherzigen und liebenswerten Geister – zusammen mit ihrer lebhaften „Zwelfen"-Gemeinschaft – berühren und enthüllen uns, was wirklich wichtig ist, indem sie Botschaften von Freude und Ver-Wunderung, von spielerischer Munterkeit und von Mitschöpfung, von Ganzheit und heiterer Gelassenheit vermitteln, Botschaften vom Wunder des Lebens und vom Mysterium der Göttlichen Liebe.

Wir kommen dabei „auf manchen dieser Seiten des Lebens" ohne viel Aufhebens, aber spürbar mit dem Allguten, durch das alles, was ist, ist, in Berührung. In personaler oder alles Personale übersteigender Weise können wir erfahren, dass Er-Sie-Es uns alle samt und sonders in sich birgt. Wie es denn – alles abrundend – in dem Elfenhellfer *„Ein einfacheres Leben"* ohne Umschweife heißt: „Wisse, dass Dein wahres Zuhause in der heiligen Gegenwart liegt. So einfach ist es."

Mit verschmitzter Stimmigkeit, vergnüglicher Weisheit und großer Herzenswärme demonstrieren die kleinen Zwelfen-Geschöpfe mit den etwas längeren Nasen den Elfenhellfer-Weg zu einem reichen und erfüllenden Leben.

Elfenhellfer im Sequoyah-Verlag

Blättertal 9, A-2770 Gutenstein, www.sequoyah-verlag.at

Elfenhellfer.....und das Leben lächelt Dir zu!

Sei gut zu Dir (ISBN 3-8546 6-000-2)

Der originale Bestseller, der die populäre Elfenhellfer-Bewegung ursprünglich ausgelöst hat! Für alle jene, die sich an der Wahrheit ihrer eigenen Liebens-Würdigkeit zu erfreuen wünschen. Die Autorin und Sozialarbeiterin Cherry Heartman wirft einen wohlgemuten Blick in die positive Macht echter Selbst-Liebe und gibt 37 weise und bezaubernd illustrierte „Hellfer", wie man mit dem Alltag zurechkommen und dabei ehrlich, ganz und liebevoll leben kann.

Dein inneres Kind Erinnern (001-9)

Machst Du Dir ständig Sorgen über die Vergangenheit oder hast Du Angst vor der Zukunft? Dein inneres Kind zu erInnern und immer nur einen Tag auf einmal zu nehmen hilft Dir, Dich nur auf einen einzigen Tag auszurichten - den heutigen Tag. So erweckst Du Deine Zuversicht als ein begabtes Kind Gottes - glücklich, geliebt und schöpferischer Lenker Deines eigenen Lebens.

Ein einfacheres Leben (002-6)

Das Leben ist eine komplizierte Angelegenheit. Zuviel zu tun, zuwenig Zeit. „Ein einfacheres Leben" bietet einen Weg mitten durch die komplexe komplizierte Verwickeltheit in unserem Leben und lädt uns ein, dieses unser Leben auf seine Essenz zurückzuführen und dabei seine einfacheren Geschenke, Freuden und Vergnügen widerzuentdecken.

Bleib guten Mutes (003-3)

Für alle jene von uns, die sich alltäglichem Ungemach und Rückschlägen gegenübersehen. Dieser Elfenhellfer bietet wundervoll illustrierte Reflexionen, die „hellfen", den Geist aufzurichten und stark zu machen. Sie unterstützen Dich dabei, eine Haltung der Hoffnung wachsen zu lassen und diese zu einer heilsamen Gewohnheit zu machen.

Lasse Dir Zeit (004-0)

Dieser Selbsthilfe-Führer für hastige, hastende Leute enthält 35 konkrete und handfeste Ideen, die Dir hellfen mögen, etwas wiederzugewinnen, was Du bereits besitzt: Zeit, genügend Zeit. Du wirst Deinen eigenen Weg zu einem friedvolleren, entspannteren Gebrauch von Zeit finden, selbst in den allergeschäftigsten Situationen.

Loslassen im Annehmen (005-7)

Für jene, denen es schwerfällt loszulassen, sowie für jene, die damit ringen, sich mit der „Gebrochenheit" des Lebens auszusöhnen, liegt hier ein köstlicher, inspirierender und befreiender Führer zu spiritueller Wegfindung, seelischem Wohlbefinden und heiterer Gelassenheit vor. Eine Reise in Richtung einer lebensbejahenden, heilsamen Sichtweise, die spürbar an das Wesen von Wieder-ganz-werden und echtem Wohlergehen rührt.

Elfenhellfer......Geschenke für ein lichtes Leben!

Sei gut zu Deiner Ehe (ISBN 3-85466-007-1)

Dieser „Elfenhellfer" für verheiratete Paare ist ein warmherziger Führer für jene, die grundlegende Regeln von Liebe und Romantik kennen, aber einer gelegentlichen Ermutigung bedürfen, um das Knistern und die Freude ihres gemeinsamen Lebens wieder anzufachen. Ratschläge, die Hand und Fuß haben und praktisch erprobt wurden von Paaren, die sie als wahr und wirksam erfahren haben.

Sei gut zu Deinem Körper (006-4)

Während wir auf Pfaden persönlichen Wachstums und Wegen der Transformation unterwegs sind, übersehen wir oft eine lebenswichtige Komponente, die uns auf dieser Reise begleitet - unsere Körper. Und wie wir uns in unserem Körper fühlen, hat seinen Einfluß auf unser ganzes Da-Sein. Dieser „Elfenhellfer" ist eine wahre Quelle gesunder, stimmiger Körper-Weisheit, eine ganzheitliche Herangehensweise an Fitness als den äußeren Ausdruck innerer Freude.

Spiele Dich frei (010-1)

Mit fröhlichen Illustrationen und ermutigenden Hinweisen erinnert uns der Autor, dass es „in Ordnung ist zu spielen und glücklich zu sein". Gott spielte uranfänglich mit grenzenlosen Möglichkeiten - einschließlich Dir - und es war gut.

Alles Gute zum WiederGeburtsTag

Hier findest Du eine wunderbare Einladung zu einer sinnvollen Feier dieses besonderen Tages, an dem der Autor des Lebens einen jeden von uns - wieder - in die Geschichte einschrieb. Mit Tiefe und Gefühl, aber jenseits von Klischees und Sentimentalität, erforscht „Alles Gute zum Wieder-Geburtstag“ die vielen Dimensionen von Geburtstagen - wie Dingen ins Auge zu blicken, die man bereut, über die Würdigung der Gegenwart bis hin zum offenen Willkommenheißen der Zukunft. Diese unnachahmliche „Elfenhellfer-Mischung“ aus Zwelfen-Charme und lebendiger Resonanz macht diesen gehaltvollen „Geburtstagsgruß“ zu einem idealen Geschenk. (009-5)

Feiere Dein Frau-Sein (008-8)

Feiere die einzigartige Erfahrung und die vielfältigen Gaben, die darin liegen, eine Frau zu sein. Dieses zauberhaft illustrierte Büchlein schäumt über mit einer bejahenden und ermächtigenden Botschaft für Frauen jeden Alters und in jedweder Lebenssituation.

Vertraue Deiner Trauer (011-8)

Der Tod eines geliebten Menschen hat eine machtvolle und bedeutende Auswirkung auf unser Leben. Dieses Büchlein bestärkt jene, die trauern, dass ihr Schmerz zu einer tiefgreifend verwandelnden Heilung werden kann.

Elfenhellfer.....und das Leben lächelt Dir zu!

Aus ganzer Seele leben (ISBN 3-85466-015-6)

das Leben ist ein unglaubliches Geschenk. Alltagsroutine und alle Arten von Schwierigkeiten können dazu führen, dass wir unser umfassendes Gewahrsein und unsere segensvolle Mitte verlieren. „Aus ganzer Seele leben" ist ein einziger erfrischender Weckruf, leidenschaftlich und absichtsvoll und wach zu leben.

Beflügelt Lehrer sein (013-2)

Lehren kann eine zähe und anstrengende Sache sein; es stellt große Anforderungen und ist sicher mehr eine Berufung als ein Beruf. Die weisen, inspirierenden Worte und eindrücklichen Illustrationen dieses „Elefenhellfers" können den Enthusiasmus eines jeden, der lehrt, wieder erneuern.

Sei gut zu Deiner Familie (014-9)

Es kann heutzutage schon hart sein, eine Familie zu sein. Kultureller und finanzieller Druck, wettstreitende Anforderungen, sich verschiebende Werte machen ein Familienleben zu einer größeren Herausforderung als es das je war. Feiere trotzdem die Freuden und Wunder, den Segen und die Einzigartigkeit Deiner Familie mit „Sei gut zu Deiner Familie".

Freundschaft entfalten (016-3)

Mit herzerfrischenden Illustrationen und tiefgehenden Gedanken ermöglicht Dir dieser „Elfenhellfer" voller zu verstehen, was es bedeutet, Freund zu sein - mit all seinen Freuden und Herausforderungen. Wahrhaftig und ermutigend ist „Freundschaft entfalten" ein herausragendes Geschenk für Dich selbst wie jemanden, der Dir am Herzen liegt.

Neues Baby - Neues Leben (012-5)

Herzliche Gratulation zu Eurem neuen kleinen Bündel voller Segnungen! Kein Zweifel, Ihr seid überwältigt von Freude - und sehr wahrscheinlich auch von Erschöpfung! Dieses bezaubernd illustrierte Büchlein wird Euch hellfen, aus dieser besonderen Zeit das Beste zu machen - und auch mit dem Schwierigsten dabei zurechtzukommen.

Dem Stress heilsam begegnen (017-0)

Mit kurzen, gesunden Ratschlägen und Zeichnungen, die das Herz leicht machen, schenkt dieses kleine einzigartige Buch praktische, effektive und einsichtsvolle Anleitung, wie wir Stress erkennen und lebensförderlich handhaben können; wie wir in Kontakt bleiben können mit unseren wahren inneren Werten und dabei eine seelische Heiterkeit erlangen, die uns noch in Zeiten ärgsten Stresses dienlich ist.

Elfenhellfer.......Geschenke für ein lichtes Leben!

Erfüllende Arbeit

(ISBN 3-85466-019-4)

Hier geht es um die Bedeutung und den Wert der Arbeit im weitestmöglichen und lebensfördernden Kontext. Praktische Weisheit in reicher Fülle für alle Gebiete von Mit-Schöpfung und Zusammenarbeit bis zu gesundem Umgang mit Stress. Diese „Arbeitstherapie" kann gute Arbeit für Dich leisten!

Elfenhellfer für voll beschäftigte Mütter

(018-7)

Aus diesem wunderbaren Handbuch und Geschenkbuch für alle Mütter: „Widerstehe dem Drang, Dich mit anderen Müttern zu vergleichen. Gott ließ Dir diese Familie zuteil werden (und schenkte Dich ihnen) aus einem besonderen Grund. Du hast alles, was Du brauchst, um eine liebende, sorgende Mutter zu sein." 38 einsichtsvolle „Hinweise, wie es sich gut Mutter sein läßt!"

Sich im Garten wieder finden

(020-0)

Ein Elfenhellfer so frisch wie der Frühling, der die viele Weisen betrachtet, wie Gärtnern Licht und Leben in unsere persönlichen Welten bringt. Im Sinne des chinesischen Sprichwortes „Ein Buch ist wie ein Garten, den man in der Tasche trägt", ist es ein sanfter „Einsteck"-Therapeut für die Hosentasche. „Gärten lehren, Gärten erquicken, Gärten lassen uns wachsen. Kümmere Dich um Deinen Garten, und die ganze Welt verwandelt sich.......und strahlt!"

Wieder gesund werden (021-7)

Kann Dein Führer sein, um Krankheit mit Deinem ganzen Sein gegenüberzutreten. Seine besänftigenden Worte und „ein-leuchtenden" Illustrationen werden Dich während des ganzen Verlaufs Deiner Genesung ermutigen und inspirieren, durch Unsicherheit und Angst, Verlust und Wandel hindurch.
Eine Hilfe für Dich, in Heiterkeit und Frieden anzukommen - und einem alle medizinischen Vokabel transzendierenden Wohlbefinden.

Dankbar sein (022-4)

Zu bestimmten Zeiten - beim Zusammenkommen mit seinen liebsten Menschen, beim glatten Segeln in Arbeit und Beziehungen, bei Ehrfurcht erweckenden Erlebnissen in der Natur - entsteht Dankbarkeit ganz leicht. In Zeiten von Schmerzen und Krankheit aber ist es beinahe undenkbar. In diesem kleinen Band wirst Du entdecken, wie und warum dankbar sein so gut, so passend und so wohltuend ist - und zwar immer.

Den Frieden leben (023-1)

Wir sehnen uns nach Frieden in vielen Formen: Nach innerem Frieden, Frieden in Beziehungen, Frieden in unserer Nachbarschaft........ Dieser Elfenhellfer legt uns nahe, dass aller Frieden in unserem Herzen beginnen muß. Und er teilt mit uns die Weisheit, wie man den Frieden im Innern nähren und gegenüber der Welt einen friedvollen Standpunkt einnehmen kann.

Elfenhellfer........beleben....bestärken....beflügeln!

Erlaube Dir zu vergeben (024-8)

Geh darüber hinaus, ein Opfer der Handlungen anderer zu sein und entdecke die Freiheit, die Dein Eigen ist, indem Du Dich für heilsame Vergebung entscheidest. Die 35 befreienden Lektionen dieser „Vergebungs-Therapie" können Dir hellfen, wieder dort zu sein, wo Du - aufs Neue - Dein Leben selbst in der Hand hast, indem Du, statt in Verbitterung zu gehen, die heilende Wahl des Wohlbefindens triffst.

Nimm Dein Leben in die Hand (025-5)

Hast Du manchmal das Gefühl, dass Dein Leben außer Kontrolle kippt? Scheinen andere Leute und Umstände Dein Leben zu bestimmen? Frägst Du Dich nach dem besonderen Sinn und Zweck Deines Lebens? Wenn ja, dann kann Dir dieses „Handbuch" hellfen, Dein Leben wieder auf Kurs zu bringen. Eine einzigartige, vergnügliche und ansteckende Anleitung, das Leben zu lieben und zu leben.

Stille Deine Sorgen (26-2)

Bist Du oft beunruhigt und besorgt, ganz voller Sorgen und Befürchtungen? Keine Sorge! Dieser kleine „Hellfer" kann Dir genau jene Entlastung und Erleichterung bringen, die Du brauchst. Er bietet praktische Hinweise, wie Du Dein Leben „sorgenfest" und „sorgendicht" machen kannst, und weist den Weg zu einem spirituellen „Sich-Ergeben", das zu wahrer Gelassenheit führt.

Sei liebevoll zu Dir (027-9)

Wir haben zahllose „Du sollst" in unseren Köpfen, aber den meisten von uns fehlt es an genügend sanften nährenden Botschaften für sich selbst. Zu oft kümmern wir uns um andere Menschen, weil wir hoffen, dass sie sich ihrerseits um uns kümmern werden. Aber das funktioniert selten in dieser Weise. Wir müssen selbst für uns Sorge tragen und unseren Gefühlen Beachtung schenken. Wir müssen lernen darauf zu achten, uns selbst mit Liebe und Güte zu behandeln.

Sei sanft mit Deiner Wut................(028-6)

Wut kann eine schmerzhafte und machtvolle Emotion sein, die mit sich bringt, dass man sich hilflos und überwältigt fühlt. Hier gibt es in klarer und unwiderstehlicher Sprache einen Wegweiser zum effektiven Umgang mit Wut. „Sei sanft mit Deiner Wut" zeigt, wie Du Deine Wut loslassen, abschließen und auflösen kannst. Du erzeugst eine positive Verwandlung ihrer Energie und lernst dabei viel über Dich selbst.

Elfenhellfer für Teenager-Eltern (029-3)

Irgendwann um die Zeit, wenn Dein Kind dreizehn wird, bemerkst Du, dass die Person, die Du von klein auf aufgezogen hast, plötzlich ein Fremder ist - ein TEEN-Ager.
Dies ist ein Mini-Handbuch, das Dir Geschick und Strategien vermittelt, wie Du durch diese schwierige Passage navigieren und sie - mit Genuß und Freude - überleben kannst.

Elfenhellfer.....und das Leben lächelt Dir zu!

Sich selbst wertschätzen (030-9)

Selbstwert ist mehr als ein Gefühl der Selbstsicherheit und reicht ins Herz der eigenen Identität. Sie bekräftigt, dass Du - gerade so wie Du bist - angenommen und liebenswert bist. Ohne entsprechende Selbstwertschätzung empfindet man ein schmerzhaftes Gefühl des Nicht-in-Ordnung-seins und innerer Leerheit. Dieser Elfenhellfer-Band zeigt auf, wie die Macht, dein verwundetes Selbstwertgefühl zu heilen, in Dir selbst ruht.

Älter werden, weiser werden (031-6)

Wir werden alle älter. Wir können diese Situation als mit Gefahren und Verfall befrachtet sehen, oder voller Versprechen und Möglicheiten. In diesem Büchlein hellfen die Zwelfen, die Bedeutung und die Mission der älteren Jahre zu entdecken - Lektionen von Stärke, von Langlebigkeit und reichen Früchten. Nicht vergessen: Man ist nur einmal alt!

Aus Depression auferstehn (032-3)

Wir haben als Kinder gelernt, unsere Schuhe zu binden und Rad zu fahren, aber die Kniffliсhkeiten und Komplikationen im Umgang mit Emotionen wurden uns nicht gelehrt - insbesondere bei Hoffnungslosigkeit und Traurigkeit. Dieser Elfenhellfer unterstützt Dich, mit einem Blick ins eigene Herz und in die eigene Seele - wie auch bei anderen - Hilfe zu finden.

Die Musik in Deinem Leben (003-0)

„Wenn Musik Nahrung für die Liebe ist, spiele weiter" schrieb William Shakespeare. Und Musik mit Nahrung und Liebe zu verbinden ist ein weiteres Beispiel für das Genie des Barden. Musik hat schließlich - wie Nahrung - das Vermögen, unseren Hunger zu stillen wie unserer Freude und Sehnsucht sowie Bedauern und Trauern und schierem Vergnügen Ausdruck zu verleihen. Und wie die Liebe kann Musik unsere Herzen berühren und uns Menschen und Orte und Ereignisse bewußt werden lassen, die sich unserem Leben mit süßen wie traurigen Melodien eingeprägt haben.

Feine Eltern sein (004-9)

Die meisten von uns wissen nicht, worauf sie sich einlassen, wenn sie Eltern werden. Sowohl die Verantwortung als auch der Lohn erweisen sich als viel größer, als wir erahnen. Hier gibt es „Support" für die beträchtliche Herausforderung, liebsorgende, verantwortliche und effektive Eltern zu sein. Der Lohn: Mehr Liebe und Freude, als wir jemals wussten, dass unser Herz sie fassen können.

Auch Scheidung ist heilbar (005-7)

Aber es erfordert großen Einsatz, den schließlich bewegt sich diese Erfahrung von Verlust auf so vielen Ebenen einschließlich des verlustes zutiefst gehegter Träume. In dieser Zeit eine Mitte zu haben ist von äußerster Wichtigkeit - ein Ort, wo Du und Deine Welt noch okay und grundlegend gut sind. An genau diesem Ort findet Heilung und Wachstum statt.

Elfenhellfer.....Geschenke für ein lichtes Leben!

Du bist nicht allein (ISBN 3-85466-000-6)

Einsamkeit sagt uns, dass etwas aus dem Gleichgewicht ist und dass etwas fehlt in unserem Leben. In diesem Buch findest Du sanfte und praktische Vorschläge, die einen Weg der Erleichterung zeigen. Die gute Nachricht: Es gibt ein Leben jenseits von Einsamkeit. Ein paar Momente alleine mit dieser Einsamkeits-"Therapie" und du wirst erkennen, dass Du, wenn Du suchst, auch finden wirst: Du wirst entdecken, dass Du überhaupt nicht alleine bist!

Ruhestand, der glücklich macht (001-4)

Sich auf die neuen Umstände vorbereiten, sich an sie anpassen und das Beste aus ihnen machen. Hier finden sich pro-vokative und praktische Fingerzeige in Sachen, wie man aktiv bleibt, wie man weiter wächst und was man in Zeiten von Stress oder Angst oder Verlust am besten tun kann. Die eigentliche, laute und klare Botschaft ist: Dies ist ein gute Zeit, um Neues zu beginnen.

Die natürlichste Therapie: Natur (002-2)

Natur heilt. Indem sie uns erfreut und inspiriert, indem sie uns nährt und für uns sorgt und uns schlußendlich dazu bringt uns mit ihr zu befassen, macht das Um und Alles der Schöpfung sein therapeutisches Werk an unseren abgespannten, ermüdeten, gebrochenen oder überstressten Personas. Möge dieser Elfenhellfer bewirken, dass wir die Natur mit neuen Augen sehen und ihrer mit erneuerten Herzen gewahr sind. Wir bedürfen der Schönheit so sehr wie des Brotes.

Weitere bald erscheinende Elfenhellfer

Beherztsein im Alltag

An sich selbst glauben

Wahrhafte Weihnachten

Schenke Dich: Dein größtes Geschenk

Heilung dem Helfer

Wenn Dein Herz schwer ist

Bewußt Essen tut gut

Im Leiden Sinn erfahren

Finde Dein Gebet

Als Mann zu seiner Trauer stehn

Mit Schmerzen zurechtkommen

Mit schwierigen Leuten Umgang finden

Göttliches Urvertrauen

Mutter werden

Elfenhellfer für Kids

.....DAMIT ES DEN KINDERN GUT GEHT!

Traurig sein ist okay

Ein Trauer-Begleitbuch für Kinder, die einen Verlust erleben

32 Seiten im Kinder-Großformat,
durchgehend vollfärbig illustriert.

ISBN 978 385 466 039-2

Hier ist endlich das Buch, nach dem Elfenhellfer-Fans seit Jahren fragen: ein Buch, das Kindern hilft, in heilsamer, gesunder Weise zu trauern.
Dieses freundliche und liebevolle Begleitbuch ist gefüllt mit positiven, lebensbejahenden Hilfen für Kinder, um Verluste besser zu verkraften; unterstützend und tröstlich und dabei sehr praxisnah in der Herangehensweise.
Trauernde Kinder brauchen es in besonderer Weise zu wissen, dass auch nach einem Verlust die Welt immer noch ein sicherer Ort für sie ist, dass das Leben gut ist und verwundete Herzen auch wieder heil und ganz werden.

Light my fire!

mit **Tierra UrTonöfen** die Wärme erleben... die rundum rundeste Art zu heizen... eine Öfin wie sie leibt und lebt...

Herz&handgeschöpfte Heiz-„Körper" für reine, gesunde, lebendige Strahlungswärme, Heilklima und Steigerung der Lebensenergie. Diese irdene Feuerstelle strahlt wie das lebendige Herz Deines Zuhauses und gibt rasche, dauerhafte und herzerquickende Wärme! In viele Größen und Varianten und auf Wunsch nach eigenem Design. EN-Norm-geprüft und europaweit zugelassen.

Ein Besuch bei **www.tierra-aura.com** lässt Träume wahr(m) werden. Die Tierra-UrTonöfen werden in der ZwElfen-Heimat in Gutenstein, NÖ geschaffen!

„Gelobt seist du,
mein Herr, durch
Bruder Feuer,
durch das
du die Nacht
erleuchtest; und
schön ist es und
freudig und
kraftvoll und stark."

Franz von Assisi